Mil euros por tu vida

Elia Barceló

Mil euros por tu vida

Notas y prólogo de
Silvia Vega Ordóñez

Ernst Klett Sprachen
Stuttgart

1. Auflage   10 | 2026

© De la ilustración: Luis Miguez
© Del guión: Jordi Farga
© Del texto: Elia Barceló
© 2008 Editorial Luis Vives
© 2014 Ernst Klett Sprachen GmbH, Rotebühlstraße 77, 70178 Stuttgart.
Alle Rechte vorbehalten. Die Nutzung der Inhalte für Text- und Data-Mining ist ausdrücklich vorbehalten und daher untersagt.
www.klett-sprachen.de

Herausgeberin der Reihe *Literatura Juvenil*:
Prof. Dr. Andrea Rössler

Redaktion: Marcelo Rodríguez
Layoutkonzeption: Sandra Vrabec
Titelbild und Illustrationen: Luis Miguez
Gestaltung und Satz: Satzkasten, Stuttgart
Umschlaggestaltung: Sandra Vrabec
Bild S. 60: © Stefanie Graul
Druck und Bindung: Salzland Druck, Staßfurt

Printed in Germany
ISBN 978-3-12-535683-2

Índice

Prólogo

Elia Barceló es considerada una de las escritoras, en lengua castellana, más versátiles e importantes de ciencia ficción y la representante española más reconocida en este género. Esta alicantina afincada en Austria cultiva con maestría, entre otros géneros, la narrativa juvenil. Un terreno en el que ha sido galardonada y traducida a diversos idiomas. Aunque, según ella misma dice, el mejor reconocimiento a su trabajo es que el lector disfrute de la narración, olvidándose de todo lo que hay a su alrededor y zambulléndose en una historia creada por y para él o ella. Sin duda Barceló lo consigue.

Uno de estos fantásticos relatos que Elia nos regala es *Mil euros por tu vida*. El éxito de esta visión futurista, amarga pero al mismo tiempo inquietantemente verosímil, fue tan grande que incluso fue adaptada al cine, en 2010, bajo el título *Transfer*. Pero no solo el cine se ha fijado en esta historia. Jordi Fargas y Luis Miguez crearon una estupenda novela gráfica en blanco y negro, que ilustra con gran habilidad el relato de la autora. Un terreno, el de la novela gráfica, poco cultivado en España pero que cuenta con muchos y fieles adeptos entre los lectores jóvenes y adultos. Es una interesante apuesta que ofrece la posibilidad de comparar la manera en que el lenguaje literario y el visual se complementan, dando más detalles que enriquecen el cuento.

Este impactante relato narra una original historia que tiene como protagonistas a una pareja octogenaria de buena posición social y económica. Con dinero se puede comprar todo, incluso un cuerpo nuevo. Sin más obstáculos que una falsa ética, compran los derechos para usar unos cuerpos, jóvenes, sanos y hermosos. ¿Y por qué no? Lo más importante es encontrar al candidato perfecto que esté dispuesto a prestar su cuerpo durante la mayor parte del día para hacer realidad el sueño de estos ancianos de ser de nuevo jóvenes. Pero, ¿existirán consecuencias al ser los padres más jóvenes que los hijos o al vivir cincuenta años más un hombre de ochenta años en un cuerpo de veinte?

El dueño original tendrá tan solo unas horas a su disposición, mientras el ocupante duerme. Todo a cambio de unos euros que recibirá su familia al otro lado del mundo. No es difícil de averiguar quiénes pueden ser los anfitriones dispuestos a este intercambio: personas desesperadas que alquilan, pero realmente venden, lo único que les queda, su cuerpo. A través de los personajes se plantean, entre otras, varias preguntas que Elia Barceló nos presenta para obligarnos a reflexionar y a enfrentarnos con nosotros mismos: ¿A dónde nos llevará esa obsesión de búsqueda de la inmortalidad? ¿Hay límites para la moral? ¿Es realmente una aplicación poco ética de la técnica o simplemente una evolución lógica de la sociedad?

Mil euros por tu vida sorprende por su calidad y destreza narrativa. En la obra se analizan los resquicios de vulnerabilidad de una sociedad turbulenta y se nos da un toque de atención sobre las consecuencias de nuestros deseos incontrolados, demostrando así un sincero compromiso y sensibilidad por parte de la autora. Es una historia que mueve a la reflexión, una demoledora crítica a la explotación en nombre de la caridad que se hace al pobre por los ricos, la doble moral. Pero, ¿y si nosotros pudiéramos hacer lo mismo? ¿Hasta que punto estaríamos dispuestos a llegar para ser otra vez jóvenes y bellos?

Silvia Vega Ordóñez

la historia

MIL EUROS POR TU VIDA

La luz del amanecer entraba sesgada a través de los toldos verdeazules creando en la sala un efecto de cueva submarina. Un reloj marcaba los minutos y, con cada clac, las dos personas que ocupaban el cuarto miraban en derredor, como sorprendidos, para perder de nuevo la vista en los sedantes paisajes que adornaban las paredes.

Ambos llevaban la bata azul claro de las instituciones hospitalarias europeas; ambos tenían la piel oscura, él más que ella; ambos sufrían obviamente de una tensión casi insoportable que los hacía removerse en la silla de plástico y girarse hacia la puerta cada vez que el silencio era interrumpido por un mínimo ruido.

El hombre —joven, alto, musculoso— se puso en pie con un suspiro y dio unos pasos hasta los ventanales que miraban al jardín. Ella lo siguió con la vista, sin hablar, y lanzó la mirada hacia afuera, hacia el césped verde y húmedo, salpicado de flores, hacia las palmeras que se balanceaban suavemente en la brisa que venía del mar. Le habría gustado estar ahí, poder posar los pies descalzos sobre la hierba, caminar hasta la playa, sentir las olas cachetearle las piernas cubriéndolas de carne de gallina.

Se preguntó si, después de lo que iban a hacer con ella, podría volver a sentir el sol en su piel, el agua en su pelo. Tendría que preguntárselo al doctor Mendoza, que le diría que sí, seguro, había limitaciones por supuesto, ella lo sabía, pero no iba a perder tanto como ella misma se figuraba, no era tan trágico al fin y al cabo, existían leyes que regulaban sus prestaciones y en Europa la ley se tomaba muy en serio.

Todo en Europa se tomaba muy en serio, particularmente el euro, el rey y dios del viejo mundo. Y del nuevo. Y de todos los mundos posibles.

---

2 **un amanecer** salida del sol | 2 **sesgado** ≠ recto, de lado | 2 **un toldo** Markise | 3 **una cueva** Höhle | 4 **en derredor** *loc* alrededor | 5 **sedante** tranquilizante | 5 **adornar** decorar | 7 **una bata** abrigo de tela muy fina (Kittel) | 9 **una tensión** Spannung | 9 **removerse** moverse nervioso, incómodo | 12 **un suspiro** respiración sonora por pena o resignación | 13 **un ventanal** ventana grande | 14 **lanzar una mirada** einen Blick werfen | 14 **un césped** campo cuidado *p ej* un jardín | 14 **salpicado** repartido, diseminado (gestreut) | 15 **la brisa** viento suave | 16 **posar** dejar, poner, colocar | 16 **descalzo** sin zapato | 17 **cachetear** golpear | 18 **la carne de gallina** *loc* Gänsehaut | 22 **figurarse** imaginarse, pensar | 23 **al fin y al cabo** *loc* después de todo, finalmente | 23 **una prestación** Leistung

Eso era lo que la había llevado allí. Lo que los había llevado allí, se corrigió, mirando de reojo al hombre que compartía su espera. Era guapo, de piel oscura y rasgos casi occidentales, con la nariz estrecha y recta y los pómulos altos; caminaba erguido como una lanza y era tan alto que ella tenía que echar la cabeza atrás para verle el pelo, que le llegaba hasta los hombros, peinado en centenares de pequeñas trenzas. Se preguntó de qué país sería, sabiendo que en la base no importaba. Vendría, como ella, de uno de los muchos países africanos en vías de extinción. Su familia, como la de ella, habría llegado al límite absoluto de la miseria y él habría llegado también a la conclusión de que lo único que podría darles una oportunidad de seguir con vida era la de vender lo poco que poseían, lo que aún tenía valor en el mercado europeo, si uno era lo bastante joven, lo bastante guapo y lo bastante sano como para que alguno de los muchos millonarios de Europa quisiera comprarlo. Y, sobre todo, si, por un capricho del destino, tus engramas cerebrales se ajustaban al diseño de los engramas del otro; algo casi milagroso que, sin embargo, sucedía de vez en cuando, como le había ocurrido a ella, como le tenía que haber ocurrido también a él, si estaba allí ahora, con la bata azul y la mirada perdida en el horizonte del mar.

Cuando la aceptaron en el programa eran más de setecientas muchachas, entre africanas y asiáticas. Al cabo de un mes, su número se había reducido a cincuenta. Ahora, después de cuatro meses de pruebas y análisis, sólo quedaban ella y Yasmina, la chica marroquí con la que compartía la habitación a la que habían sido trasladadas cuando decidieron poner en lista de espera a Yoyo y a Adita. Y el día anterior, el doctor Mendoza le había pedido que se presentara en ayunas a primera hora y la había informado de que posiblemente hoy se llevaría a cabo la operación definitiva. Si tenía éxito, su familia, que ya había recibido mil euros cuando fue aceptada para el proyecto, recibiría la vertiginosa cantidad de diez mil euros y nunca más tendrían que preocuparse de sobrevivir en Etiopía.

Se pasó la mano por la frente, que se le había puesto húmeda, y suspiró. Le habría gustado poder mirarse al espejo y recordar cómo era su rostro el día final, pero en toda la clínica no había ni espejos ni superficies reflectantes. Hacía medio año que no se había visto a sí misma y, si en el mundo exterior, habría podido juzgar su aspecto por la reacción de los demás frente a ella, aquí era imposible. Los médicos la trataban amablemente, pero como si fuera una pieza de equipo sofisticado y no un ser humano. Los otros participantes

---

2 **de reojo** *loc* disimuladamente, sin ser visto | 3 **los rasgos** *pl* formas, líneas de la cara (Gesichtszüge) | 3 **un pómulo** Backenknochen | 4 **erguido** recto | 5 **un hombro** Schulter | 5 **peinado** frisiert | 6 **un centenar** cien | 6 **una trenza** Zopf | 8 **en vías de extinción** en camino de desaparecer | 11 **el valor** Wert | 14 **un capricho del destino** azar, casualidad | 14 **un engrama** interconexión de neuronas | 14 **ajustarse** adaptarse (anpassen) | 15 **milagroso** muy difícil de conseguir | 15 **suceder** pasar | 16 **ocurrir** pasar, suceder | 20 **al cabo de** *loc* después de | 23 **trasladado** mudado, cambiado de lugar | 25 **en ayunas** *loc* sin desayunar | 26 **llevarse a cabo** *uc* realizarse, hacerse | 28 **vertiginoso** increíble, impresionante | 30 **una frente** Stirn | 30 **suspirar** seufzen | 31 **un rostro** cara | 34 **juzgar** calificar, imaginarse (beurteilen) | 36 **una pieza** parte de *uc* | 36 **un ser humano** persona

en el proyecto apenas reaccionaban; todos estaban demasiado ocupados con sus propios terrores, con el trabajo agotador de hacerse conscientes de lo que habían decidido hacer y de lo que estaba a punto de pasarles. Sólo con Yasmina, últimamente, había llegado a una intimidad que les permitía describirse la una a la otra diciéndose cosas como «hoy te brilla más el pelo» o «tienes los ojos preciosos» o «esta mañana has amanecido guapísima». No siempre era del todo cierto, pero se habían habituado a saber cuándo la otra necesitaba una palabra amable y ambas sabían que no importaba que no fuera siempre la verdad.

Iba a echar mucho de menos a Yasmina cuando saliera del complejo hospitalario. A su familia hacía ya tiempo que no la echaba realmente de menos porque, desde el mismo día en que se marchó, había empezado conscientemente a olvidar. Sabía que no regresaría, como lo sabían todos ellos, sus padres, su abuela, sus siete hermanos... Para todos los efectos, ella había muerto el día de su ingreso en el Sanatorio Punta Azul.

Se abrió la puerta con suavidad y una mano enguantada empezó a hacerle señas al muchacho, que se apartó de los ventanales con un espasmo. Vio su frente perlada de sudor y, sin saber por qué, se levantó de la silla, clavó sus ojos en los de él —amarillos, dilatados— y le estrechó las manos tratando de pasarle su fuerza. Antes de salir de la habitación, seguido por la mirada de ella, el muchacho se giró y se abrazó a ella durante unos segundos, como un hermano. Ella tuvo apenas tiempo de hacerle en la frente la señal de la cruz —podía no ser cristiano, pero eso no importaba—, antes de que la enfermera se lo llevara a enfrentarse con lo desconocido.

Tres minutos después, cuando le llegó el turno a ella, no había nadie a quien poderse abrazar, nadie que la bendijera en su partida.

En el despacho del doctor Mendoza —ambiente mediterráneo, amplios ventanales sobre el mar, flores frescas en el escritorio— el monitor se apagó con un susurro y quedó en punto muerto. Hubo unos largos segundos de silencio. Luego, con una sonrisa, Mendoza se giró hacia sus clientes:

—Y bien, señor Peyró, señora Saladriga, ¿qué me dicen? ¿No son perfectos?

—La muchacha es preciosa —dijo el hombre, después de un carraspeo—. Etíope, ¿no?

---

2 **agotador** muy cansado | 3 **a punto de** *loc* casi | 5 **brillar** glänzen | 6 **precioso** muy bonito | 6 **amanecer** *aquí:* despertarse, levantarse | 10 **echar de menos uc/a up** *loc* vermissen | 12 **marcharse** irse | 14 **para todos los efectos** realmente, de hecho | 15 **un ingreso** entrada en un lugar *p ej* un hospital | 16 **la suavidad** delicadeza (→ suave) | 16 **enguantado** con un *guante* (Handschuh) | 16 **hacer señas a up** hacer señales para *p ej* llamar a up | 17 **apartar** alejarse, ponerse a un lado | 17 **un espasmo** movimiento involuntario del cuerpo | 18 **perlado** → perla | 18 **el sudor** Schweiß | 18 **clavar** fijar, mirar intensamente uc | 19 **pupila dilatada** erweitert | 19 **estrechar** coger, tomar *las manos p ej* para saludar | 24 **enfrentarse** hacer frente, reaccionar a un peligro o a un problema | 25 **llegar el turno a up** tocar a up (an der Reihe sein) | 26 **bendecir** segnen | 26 **una partida** marcha, salida | 27 **un despacho** oficina | 27 **amplio** grande | 28 **apagarse** ausmachen | 29 **un susurro** sonido débil | 29 **en punto muerto** apagado, parado | 32 **un carraspeo** tos ligera para aclarar la garganta

—No debería decírselo —siguió sonriendo Mendoza—, pero sí. Etíope. De donde vienen algunas de las mujeres más bellas del planeta.

—¿Y él? —preguntó la mujer—. Ya que estamos... —lanzó una mirada hacia su marido.

—Él es de Mali.

—¿No es muy... negro? —preguntó el señor Peyró, consciente de lo poco políticamente correcto de su pregunta.

—Sus rasgos son occidentales, si se ha fijado. Si el color de su piel le parece un problema, podemos arreglarlo más tarde, cuando se haya realizado la transferencia.

—¿Tú qué dices? —preguntó Peyró a su esposa.

—Yo lo encuentro atractivo, a pesar del color.

—Y hay que tener en cuenta que su configuración cerebral es perfecta. Han tenido ustedes mucha suerte. Estéticamente son irreprochables y además son, ya lo he dicho, perfectos. No podríamos desear nada mejor.

—¿Saben lo que les va a pasar? —preguntó la mujer.

—Han sido debidamente informados y han firmado todos los documentos necesarios. Ahora la decisión es de ustedes.

—¿Y si no nos decidimos?

—Se quedarán aquí hasta que encontremos otros clientes idóneos, pero, permítanme decirles, es casi imposible encontrar un grado de ajuste tan alto como el suyo. En cualquier caso, antes o después, serán adjudicados.

El doctor Mendoza se puso en pie:

—Quizá sea mejor que les deje solos unos momentos. Ustedes querrán hablar un poco, antes de tomar la decisión definitiva.

—No, doctor, no se vaya. Ya hemos hablado todo lo necesario —dijo el hombre mirando a su mujer, que apartó rápidamente la vista.

—Entonces, quizá tengan aún alguna pregunta —Mendoza volvió a ocupar su puesto tras el escritorio.

—A ver si lo he entendido todo —continuó el señor Peyró—. A partir de mañana mi mujer y yo tendremos pleno dominio del cuerpo de esos dos africanos...

—Unos cuerpos jóvenes, sanos y bellos —intercaló Mendoza.

—Durante veinte a veintidós horas diarias —continuó el cliente—. Mientras nosotros dormimos, ellos podrán, por así decirlo, vivir su vida, sin que nosotros tengamos acceso a lo que hacen, ni recuerdo de sus actividades.

---

3 **ya que estamos...** übrigens | 9 **arreglar uc** solucionar | 9 **una transferencia** traspaso, donación de uc a up | 13 **tener en cuenta** *loc* tener presente, pensar | 13 **cerebral** del *cerebro* (Gehirn) | 14 **irreprochable** sin defecto, perfecto | 17 **debidamente** ADV justamente, correctamente | 20 **idóneo** apto, ideal | 21 **el ajuste** adaptación (Anpassung) | 22 **adjudicado** dado, asignado, destinado | 29 **un puesto** lugar determinado | 29 **tras** detrás de | 31 **pleno** total, completo | 33 **intercalar** decir uc, dar una información | 36 **el acceso** Zugang

Mientras el marido hablaba, la señora retorcía la cadena dorada de su bolso de marca, y se iba poniendo visiblemente nerviosa.

—Nosotros podremos hacer nuestra vida normal y conservaremos todas nuestras habilidades y recuerdos.

—Por supuesto, señor Peyró. Aunque, claro está, necesitarán un periodo de adaptación a la nueva... herramienta, por así decirlo.

—¿Y cómo sabemos que ellos no se despertarán de golpe en medio de nuestra vida cotidiana? —preguntó la mujer.

Todas las preguntas, hasta el momento, habían sido contestadas decenas de veces en las muchas entrevistas que los Peyró habían celebrado con el doctor Mendoza, pero la paciencia era una de sus virtudes más desarrolladas y una de sus más útiles herramientas profesionales, de modo que el médico volvió a sonreír; una sonrisa tranquilizadora, paternal.

—Eso es de todo punto imposible, señora. Ustedes tomarán puntualmente los fármacos necesarios para que la personalidad de su anfitrión sea correctamente reprimida durante su tiempo de vigilia. Luego, durante su descanso cerebral, normalmente durante la noche, ellos se despertarán y serán ellos mismos de dos a cuatro horas. Transcurrido ese plazo, la personalidad de ellos volverá a difuminarse y ustedes despertarán descansados y renovados para el día siguiente.

—¿Y si durante esas horas han hecho algo agotador o se han herido?

—Los fármacos que ustedes toman en sus horas de vigilia los mantienen a ellos en un estado de equilibrio mental satisfactorio. Les aseguro que no van a hacer nada peligroso, auque por supuesto cabe dentro de lo posible que se den un golpe contra un mueble o que cojan frío en el jardín y a la mañana siguiente amanezcan ligeramente resfriados. Pero para evitar esos pequeños contratiempos, siempre pueden contratar a un guardaespaldas que vigile su actuación y evite cualquier tipo de despropósito. Ustedes tienen personal de seguridad en cualquier caso, ¿no es cierto?

Los dos asintieron con la cabeza. Hubo otro largo silencio que a Mendoza, a pesar de los años de hábito, se le hizo eterno.

—Me hace mal efecto —dijo la mujer—. Es prácticamente quedarnos con su vida.

---

1 **retorcer** girar, dar vueltas a uc | 1 **una cadena** Kette | 2 **visible** claro (→ ver) | 3 **conservar** ≠ perder | 4 **una habilidad** capacidad para uc | 6 **una herramienta** utensilio (Werkzeug) | 7 **de golpe** *loc* de repente | 8 **cotidiano** diario, normal | 9 **una decena** diez unidades *aquí:* mucho | 12 **de modo que** así que, como consecuencia | 14 **de todo punto** *loc* completamente | 15 **un fármaco** medicamento | 15 **un anfitrión** up que invita a su casa *aquí:* presta su cuerpo | 16 **reprimido** controlado | 16 **la vigilia** estado despierto, ≠ sueño | 17 **descanso** pausa, falta de actividad | 18 **transcurrido** pasado | 19 **difuminarse** perder fuerza y forma hasta desaparecer | 21 **herirse** hacerse daño (sich verletzen) | 24 **caber** entrar, estar | 26 **un resfriado** Erkältung | 26 **evitar** vermeiden | 27 **un contratiempo** problema, dificultad | 27 **un guardaespaldas** up que protege a up | 27 **vigilar** cuidar, proteger | 28 **un despropósito** tontería, locura | 30 **asentir** decir que sí, afirmar | 31 **eterno** infinito, sin final

Mendoza rió suavemente, como invitándolos a compartir su buen humor:

—Lo comprendo, señora Saladriga, lo comprendo. Es usted una mujer sensible. Pero no tiene que preocuparse por ello. De hecho, se trata prácticamente de un acto de caridad. Sin ustedes, esos jóvenes no tendrían ninguna posibilidad. Por no hablar de sus familias. Y así, con el dinero que ustedes les ceden, sus padres y hermanos podrán sobrevivir, estudiar, labrarse un porvenir. Y todo ello honradamente.

—Unos euros por una vida humana —susurró la mujer.

—Podemos permitírnoslo, Anna —dijo el marido, poniendo su mano sobre el brazo de ella.

Anna lo miró. Llevaban cincuenta años casados. Conocía su cuerpo y su mente tan bien como se conocía a sí misma y sabía que detrás de esa fachada de hombre viejo, calvo, con papada, barriga y bolsas bajo los ojos, estaba el mismo muchacho con el que se había casado tantos años atrás en la iglesia de Ripoll: ambicioso, trabajador, amante de su familia. Ella también era igual que entonces, por dentro, cuando no se miraba al espejo y se daba cuenta de lo que los años habían hecho con su cuerpo.

Al día siguiente, si se decidían a dar el paso, su espíritu se habría trasladado a una carne joven y firme. Podrían volver a bailar, a navegar, a hacer el amor en el inmenso dormitorio del chalet de la costa. Él podría disfrutar del cuerpo de la muchacha etíope y ella volvería a abrazar a un hombre joven y duro, a su marido de siempre envuelto en la carne del muchacho de Mali. Siempre que consiguiera superar los remordimientos y la sensación de estar cometiendo un adulterio con su propio esposo.

Suspiró y apretó la mano de Tòfol.

—¿Qué? —preguntó él—. ¿Qué dices?

—Lo que tú quieras —contestó, bajando la vista.

—¿Nos atrevemos?

Hubo una pequeña pausa.

—Sí —dijo por fin, sonriéndole a su marido con los ojos y apretando su mano.

Mendoza soltó suavemente el aire que llevaba conteniendo un par de minutos y les sonrió como un patriarca bíblico:

—Han tomado ustedes la decisión correcta. Hagan el favor de firmar aquí —dijo, ofreciéndoles una carpeta de piel de color burdeos.

---

4 **la caridad** actitud solidaria con up | 6 **ceder** dar, entregar | 6 **labrarse** conseguir uc poco a poco | 7 **un porvenir** futuro | 7 **honrado** ehrlich | 8 **susurrar** hablar muy bajo | 13 **una papada** Doppelkinn | 15 **Ripoll** pequeña ciudad en la provincia de Gerona | 19 **firme** duro, fuerte | 19 **navegar** ir en barco | 22 **envuelto** rodeado, empaquetado | 23 **un remordimiento** sentimiento de culpa (Schuldgefühl) | 23 **cometer** hacer, realizar | 23 **un adulterio** relaciones sexuales fuera del matrimonio | 25 **apretar** *sujetar* (festhalten) con fuerza, estrechar | 28 **atreverse** tener valor para hacer uc | 32 **soltar** dejar libre uc | 32 **contener** controlar, dejar salir | 35 **una carpeta** Mappe | 35 **burdeos** tipo de rojo

Anna Saladriga terminó de arreglarse en su dormitorio y, antes de bajar a reunirse con sus invitados, dedicó unos segundos a contemplar su imagen en el espejo del vestidor. Estaba radiante. Bellísima. Como nunca en su vida. No había por qué engañarse; en su antiguo cuerpo no había estado tan hermosa ni a los quince años, el día de su puesta de largo. Pero entonces había sido una muchacha gordita, pechugona, demasiado grande, algo torpe de movimientos, que se pasaba la vida tratando de disimular su cara de luna y sonreía poco para que no se viera que sus dientes de delante estaban algo separados.

Sin embargo ahora, con el nuevo vestido de Valentino, una fantasía de gasa y encajes en color marfil que prestaba un suave brillo a su piel morena, y el collar de perlas auténticas de tres vueltas, estaba arrebatadora. Y lo mejor de todo era que por dentro seguía siendo ella, la misma de siempre; sólo que con veinte años y un cuerpo y un rostro de modelo de alta costura.

Suspiró de felicidad y, antes de bajar definitivamente, se acercó a la ventana a espiar entre los visillos. El jardín, decorado como para una boda, iba llenándose de invitados elegantemente vestidos que conversaban entre risas y tintineos de cristal. La mejor sociedad de Cataluña, completada y enriquecida por la elite industrial europea, reunida en su casa para asistir al milagro en el que ellos, como tantas otras veces en tantos otros campos, habían sido pioneros. Y entre todos ellos, destacándose por su altura y su paso elástico, estaba él: Tòfol, su marido, el hombre no sólo más valiente, más inteligente, más ambicioso de la reunión, como siempre, sino también, por primera vez en su vida, el más guapo de la concurrencia.

Lo miró durante unos minutos, como hipnotizada, sin poderse creer aún la suerte que habían tenido al encontrar a la pareja de anfitriones ideales. Él caminaba de grupo en grupo, saludando, posando la mano con ligereza en un hombro, en un brazo, palmeando la espalda de un viejo amigo, sonriendo con su nueva sonrisa blanca, resplandeciente en su cara oscura, moviendo con soltura sus dos metros de fuertes músculos en un cuerpo delgado y ágil de corredor, cubierto ahora por el traje de seda oscura de estilo Mao que resaltaba sus hombros y lo grácil de su cuello. Pero lo que más la impresionaba, además de su belleza, era que en todos los gestos, en la forma de inclinar de la cabeza, incluso en algo indefinible que tenía su sonrisa, seguía siendo él mismo, su marido desde hacía cincuenta años. Del aspecto original del muchacho ya

1 **arreglarse** prepararse, vestirse | 2 **dedicar** emplear, usar, destinar | 2 **contemplar** observar con gusto | 3 **un vestidor** habitación de la casa para la ropa | 3 **radiante** muy brillante | 4 **engañarse** mentirse | 5 **una puesta de largo** fiesta para celebrar el paso de niña a mujer | 6 **pechugona** *despect* con mucho *pecho* (Brust) | 6 **torpe** que se mueve con dificultad | 7 **disimular** *aquí:* esconder | 7 **una cara de luna** redonda | 10 **un encaje** Spitzengewebe | 10 **marfil** Elfenbein | 10 **un collar** cadena (Halskette) | 11 **arrebatador** guapísimo, muy atractivo | 13 **la alta costura** moda de un diseñador famoso | 15 **un visillo** cortina (Gardine) | 16 **un tintineo** sonido de las copas al chocar | 17 **enriquecido** mejorado | 18 **asistir** ir, acudir | 20 **destacar** sobresalir | 23 **la concurrencia** gente que va a un acto o reunión | 26 **la ligereza** suavidad | 27 **palmear** golpear ligeramente con la mano abierta | 28 **resplandecer** brillar | 29 **la soltura** facilidad, agilidad | 30 **el estilo Mao** chaqueta recta con botones desde arriba | 30 **resaltar** destacar, sobresalir | 32 **inclinar** mover hacia un lado

no quedaba tanto, excepto el color de la piel; Tòfol se había cortado el largo cabello recogido en trencitas que llevaba el africano y el nuevo corte destacaba la limpieza de curvas de su cráneo, haciendo además sus ojos más grandes.

Ella, por el contrario, se había quedado con la larga melena rizada de la chica, un lujo que nunca se había podido permitir anteriormente con su cabello escaso y quebradizo, y disfrutaba cada vez que movía la cabeza o se pasaba una mano por la masa sedosa que se extendía por encima de sus hombros casi hasta la cintura. A Tòfol también le encantaba, y las primeras semanas se habían dedicado, como dos adolescentes, a explorar las posibilidades de sus nuevos cuerpos, gozando de cada instante, de cada caricia como si fuera la primera de sus vidas.

Ahora hacía ya casi dos meses desde que habían salido del Sanatorio y poco a poco todo comenzaba a ser normal. Los escrúpulos de los primeros tiempos se iban diluyendo junto con la sensación aterradora y excitante de estar cometiendo una transgresión, aunque de vez en cuando aún volvían como relámpagos ciertos instantes de pánico o de delicia que los dejaban débiles y temblorosos.

Se miró una vez más al espejo, admirando el brillo de sus ojos jóvenes, la firmeza de sus pechos, que ya no necesitaban sujetador, la curva de sus caderas sin un gramo de grasa superflua y se maravilló de nuevo; pero esta vez el asombro estaba también en el hecho de mirar esa figura extraña y reconocerla como propia, con orgullo de dueña, con la leve preocupación de si las sandalias no serían quizá demasiado altas y marcarían demasiado los músculos de las pantorrillas.

—Señora —dijo Emilia, después de dar unos golpes discretos en la puerta—. Pregunta el señor que si ya está lista.

—Bajo volando, Emilia. Dime, ¿estoy bien?

—Está usted preciosa, señora. La de Ribas se va a morir de envidia cuando la vea.

Bajaron riéndose y se separaron al llegar a la planta baja; Emilia en dirección a la cocina y Anna hacia el jardín.

Tòfol la vio llegar bordeando la piscina y, por un momento, todo lo que estaba a su alrededor se desdibujó hasta desaparecer en la nada. Anna seguía

---

2 **recogido** atado, sujeto | 3 **un cráneo** huesos de la cabeza (Schädel) | 4 **una melena** pelo largo | 4 **rizado** ≠ liso | 6 **escaso** poca cantidad de uc | 6 **quebradizo** que se rompe fácilmente | 7 **sedoso** suave (→ seda) | 8 **una cintura** Taille | 10 **gozar** disfrutar | 10 **una caricia** Streicheln | 14 **diluir** desaparecer | 14 **aterrador** que da mucho miedo (→ terror) | 15 **una transgresión** uc prohibida | 16 **un relámpago** *aquí:* uc que viene de repente y se va (Blitz) | 16 **una delicia** gusto, placer | 17 **tembloroso** zitterig | 19 **una firmeza** dureza, que no se mueve | 19 **un sujetador** *Esp* prenda para sujetar el pecho | 19 **una cadera** Hüfte | 20 **la grasa** Fett | 20 **superfluo** innecesario | 21 **el asombro** sorpresa | 22 **leve** ligero, pequeño | 24 **una pantorrilla** parte inferior de atrás de la pierna (Wade) | 27 **volando** muy rápido | 32 **bordear** rodear, ir alrededor de uc | 33 **desdibujar** perder uc la forma, difuminarse

caminando como una reina, pero ahora era una reina joven, la reina más bella del mundo, la reina de África. Y era su mujer.

En la periferia de su visión difuminada notaba las miradas de deseo de los hombres a su paso, las miradas de envidia de las otras mujeres que aún no sabían que estaban viendo a la dueña de la casa, a Anna Saladriga, la misma que unos meses atrás era una señora de edad, robusta y con varices en las piernas.

Se besaron ante la sorpresa de sus invitados que, sólo unos segundos más tarde, empezaron a reaccionar, con risas y grititos las señoras, con gruñidos y palmadas los caballeros.

Un hombre gordo, con la cara enrojecida y la nariz surcada de venillas besó la mano de Anna, después de haberle lanzado una mirada casi obscena y se giró hacia Tófol, echando la cabeza atrás para mirarlo a los ojos:

—*Estás desconegut, nano!* —dijo con voz estentórea, antes de echarse a reír con su propio chiste—. *Els dos esteu desconeguts!*

Tòfol se rió también y, poniéndole una mano en el codo, lo guió entre los grupos hasta el bar, donde pidió dos whiskys con agua. Joan Mercader era uno de los más antiguos amigos del matrimonio y, cincuenta años atrás, también socio del primer negocio de construcciones de Tòfol Peyró.

—Bueno, Joan, ahora que ha pasado la primera impresión, ¿qué me dices?

—Que no me lo puedo creer, *noi*. Te miro, hablo contigo y sé que debajo de todo eso —Mercader hizo un gesto general hacia el cuerpo del otro— está mi viejo amigo Tófol, pero mira que es difícil de aceptar. ¿Cuántos años tienes ahora?

—Los mismos que tú. Ochenta y dos.

—No, hombre, tú me entiendes.

—No nos dan detalles exactos, pero según mi médico, unos veintisiete o veintiocho.

—¿Y Anna?

—Quizá dos o tres menos.

— Quién los pillara!

—Pues ahora está a tu alcance —dijo Tòfol displicentemente, mientras seguía con la vista la figura de Anna, que flotaba de un grupo de señoras a otro, como si fuera una joya que se iban pasando de mano en mano para apreciarla de cerca—. No me dirás que no te lo puedes permitir. Tú, precisamente.

---

4 **a su paso** cuando pasaba | 6 **robusto** fuerte | 6 **una várice, variz** Krampfader | 9 **un gritito** *dim* grito | 9 **un gruñido** ruido, sonido de up por mal humor | 10 **una palmada** golpe con la mano abierta | 11 **enrojecido** → rojo | 11 **surcado** cruzado, atravesado | 11 **una venilla** *dim* vena (Ader) | 14 **estás desconegut** *cat* estás desconocido | 14 **nano** *cat* forma cariñosa de niño, chico | 14 **estentóreo** muy fuerte, ruidoso | 14 **echarse a** ponerse a, empezar a | 15 **un chiste** Witz | 15 **els dos esteu desconegut** *cat* los dos estáis desconocidos | 16 **un codo** Ellbogen | 16 **guiar** llevar, dirigir | 21 **noi** *cat* chico | 31 **¡Quién los pillara!** *coloq* ¡Quién los tuviera! | 32 **al alcance** *loc* en tu mano, fácil de conseguir | 32 **displicente** de mal humor, descontento | 33 **flotar** *aquí:* caminar como si no tocara el suelo | 34 **una joya** Juwel | 34 **apreciar uc** observar uc detalladamente

—¿Qué te cuesta?

Mercader y Peyró habían hablado de dinero toda su vida; por eso, lo que en otra persona habría sido de mal gusto, en el caso de Mercader era natural.

—Un millón por barba.

Mercader se frotó la nariz con el dedo índice.

—No parece excesivo.

—Es una buena inversión, te lo aseguro.

—Y ellos ¿cuánto se llevan? Quiero decir... los... en fin... no sé cómo llamarlos.

—Los anfitriones —ayudó Peyró.

—Eso. ¿Qué ganan ellos?

—Ellos nada. Pero sus familias reciben medio millón de euros. El resto es para el Sanatorio. Así que, ya ves, de hecho, además de ser un negocio para nosotros, es una manera de ayudar al tercer mundo.

Mercader lo miró con los ojos entrecerrados por encima del borde de su vaso de whisky:

—No te hacía yo tan ingenuo, Tòfol. ¿No pensarás de verdad que a los negros del país que sea les dan medio millón?

—Todo está dentro de la más perfecta legalidad —dijo Tòfol, molesto.

—Me corto el cuello si les llegan más de veinte mil. Y creo que me quedo largo. ¿Quieres que me entere?

—Haz lo que te parezca, pero si quieres un consejo, ponte en cola cuanto antes a ver si aún llegas a tiempo de trasferirte a un cuerpo nuevo. Considerando cómo has tratado al tuyo toda la vida, no tienes un minuto que perder.

Mercader volvió a soltar una risotada, apuró el vaso y, con una palmada a Peyró, se giró hacia una de las mesas del buffet, rebosante de exquisiteces, eligió un canapé de caviar iraní y preguntó con la boca llena:

—Y los hijos ¿qué dicen?

Peyró sonrió:

—Están escandalizados. Pero ellos aún son jóvenes, claro.

—Andarán por los sesenta, ¿no?

—Más o menos. Tenemos ya bisnietos.

—Imagínate si les trajerais ahora un hermanito. ¡Cómo se iban a poner!

—Estaríamos en nuestro derecho —dijo Peyró, muy serio. Lo cierto era que la posibilidad no se le había pasado por la cabeza. Era increíble lo rápido que pensaba Mercader.

—Podríais, ¿no? Al fin y al cabo, ahora habéis vuelto a ser jóvenes.

---

4 **por barba** *loc* por persona | 5 **frotar** reiben | 15 **entrecerrado** casi cerrado | 17 **ingenuo** que cree uc fácilmente | 19 **molesto** incómodo, enfadado | 20 **cortarse el cuello** *coloq* estar seguro de uc | 20 **quedarse largo** *aquí:* ser generoso, decir una cantidad alta | 22 **ponerse en cola** *loc* estar en una fila esperando | 23 **considerar** tener en cuenta | 25 **una risotada** risa fuerte | 25 **apurar** vaciar, terminar | 26 **rebosante** abundante, mucho de uc | 31 **andar por** tener aproximadamente | 32 **un bisnieto** hijo de su nieto | 33 **ponerse** *aquí:* enfadarse | 35 **pasarse uc por la cabeza** *loc* pensar, imaginar uc

—Claro que podríamos —contestó Peyró con firmeza, a pesar de que no tenía la más remota idea de si era realmente posible o si los cuerpos que habían comprado habían sido esterilizados antes de realizar la transferencia. Se hizo una nota mental para consultarlo cuanto antes con el doctor Mendoza.

—Oye, dime —Mercader volvió a echarse un canapé a la boca—. ¿Qué habéis hecho con... bueno... ya me entiendes...? —dejó la pregunta sin terminar mientras miraba fijamente a su viejo, ahora joven, amigo.

Peyró le sostuvo la mirada esperando que acabara la frase.

—Con los cuerpos de antes, joder. Hay que dártelo todo mascado, *noi*.

—¡Ah! Ya —hizo una corta pausa—. Han sido incinerados ante notario después de haber hecho la trasferencia legal. Nos han tenido días haciéndonos fotos con el nuevo aspecto, autentificando las firmas... todo lo que te puedas imaginar.

—¿Sabes, Tòfol? Me están entrando ganas de informarme del asunto. Te llamo el lunes para que me des los datos de ese Sanatorio. Lo mismo la próxima vez que nos veamos tengo cara de chino —dijo, soltando de nuevo la carcajada—. Porque me figuro que todos los... ¿cómo los llamabas?... los anfitriones... serán tercermundistas, claro.

Peyró se metió un canapé en la boca para no tener que contestar. El tono que usaba Mercader le resultaba profundamente desagradable.

—Me temo —continuó el anciano, sin esperar respuesta— que nuestros hijos van listos si creen que van a heredar pronto porque, cambiando de cuerpo, podemos durar otros cincuenta años sin exagerar, ¿no?

Peyró asintió con la cabeza, ya francamente molesto. Esa conversación la había llevado varias veces con Montse y Quim, sus propios hijos, y en todas las ocasiones le había dejado un desagradable sabor de boca el darse cuenta de que, a pesar del cariño y la buena relación que habían tenido siempre, la idea de que sus padres pudieran vivir cincuenta años más no les había gustado en absoluto. Que ahora se lo recordara Mercader le parecía de pésimo gusto.

—Me vas a perdonar, Joan. Tengo que atender a los belgas; parecen un poco perdidos.

—Sí, *noi*, *sí*, por mí no te preocupes. Ya sabes que yo, teniendo de comer y de beber, ya no necesito nada. —Le dio una palmada en la espalda y se quedó mirando su alta silueta atravesando el jardín en dirección a poniente, hacia la piscina, donde un pequeño grupo parecía realmente perdido. Encogiéndose de hombros, se echó otro canapé a la boca y se quedó pensando cómo sería la

---

1 **a pesar de** aunque | 2 **remoto** lejano | 8 **sostener** mantener, continuar haciendo uc | 9 **joder** *interj* expresa fastidio | 9 **mascado** *aquí:* hecho | 10 **incinerado** quemado | 14 **entrar ganas de uc** empezar a desear uc | 14 **un asunto** tema | 17 **una carcajada** risa fuerte | 21 **temerse uc** creer, sospechar | 21 **un anciano** un hombre viejo | 22 **ir listo** *loc coloq* estar seguro de que uc que espera up saldrá mal | 22 **heredar** recibir uc de up, *p ej* dinero, al morir | 24 **franco** verdadero | 26 **una ocasión** *aquí:* vez | 28 **en absoluto** nada, de ninguna manera | 29 **pésimo** muy malo | 30 **atender** hacer caso a up, mirar por up | 34 **atravesar** cruzar | 34 **el poniente** oeste | 35 **encogerse de hombros** *loc* subirlos para mostrar resignación

sensación de sentirse dueño de un nuevo cuerpo. Como la de sentarse en un Ferrari recién estrenado, probablemente. Quizá mejor.

Se despertó, como siempre, en una penumbra plateada, en un silencio tan profundo que el mar se oía con claridad sobre el siseo de las hojas de las palmeras moviéndose en la brisa nocturna. Estiró todos los músculos y se dio la vuelta en la cama disfrutando de la sensación de las sábanas de seda en su piel desnuda, una sensación que seguía resultándole nueva y excitante. Pensó, como otras veces, que resultaba curioso que un anciano hubiera querido tener de nuevo un cuerpo joven para dormir solo noche tras noche, sin una mujer al alcance de su deseo; pero la cama siempre estaba vacía cuando él despertaba. Si había una mujer en la casa, debía de dormir en otra habitación, quizá precisamente para que él no la encontrara al despertar.

Se levantó sigilosamente y caminó hasta el mueble donde había un calendario. Veinte pasos dentro de la misma habitación pisando una alfombra de seda que alguna muchacha árabe habría tardado cinco o seis años en anudar. Comprobó que la fecha era la del día siguiente y eso, como todas las noches, le tranquilizó. De alguna manera, a pesar de las explicaciones del doctor Mendoza, seguía teniendo miedo de que su despertar empezara a tener huecos, que no se produjera noche tras noche como le habían asegurado. En sus pesadillas se veía mirando fijamente el calendario de donde habían desaparecido semanas y hasta meses en los que no había sido consciente de su existencia. Suspiró de alivio, se envolvió en una bata que podría haber sido propiedad de un rey y, bajando las amplias escaleras, bajó al salón que daba al jardín. No tenía hambre, ni sed, ni sentía ningún tipo de cansancio.

Recorrió despacio la enorme estancia cogiendo y dejando en su sitio varios de los objetos que adornaban las mesas y las estanterías, piezas indudablemente valiosas que para él no significaban nada.

Se quedó un rato plantado delante del gran espejo que ocupaba una de las paredes, mirando su reflejo, reconociéndose, saludándose a sí mismo, embriagado en la contemplación de la prueba fehaciente de su existencia, perdido en una costumbre que iba convirtiéndose en uno más de los ritos de su soledad nocturna, de su vida solitaria y silenciosa.

La luz de la luna entraba como mercurio helado por los grandes ventanales convirtiendo el mundo en una fotografía en blanco y negro, convirtiéndolo

---

2 **recién** desde hace poco | 2 **estrenado** nuevo, usado por primera vez | 3 **la penumbra** poca o débil luz | 3 **plateado** → plata | 4 **un siseo** sonido inarticulado de s y ch | 5 **estirar** dehnen | 7 **desnudo** sin ropa | 13 **sigiloso** con cuidado, en silencio | 14 **pisar** poner el pie sobre uc | 16 **anudar** *aquí:* knüpfen | 16 **comprobar** controlar, contrastar | 19 **un hueco** agujero, espacio vacío *aquí:* de tiempo | 20 **una pesadilla** mal sueño | 22 **el alivio** liberación, tranquilidad | 22 **envolverse** taparse, cubrirse | 25 **recorrer** ir por un espacio o lugar | 25 **una estancia** habitación | 26 **una estantería** Regal | 26 **indudable** sin duda, seguro | 27 **valioso** caro (→ valor) | 28 **plantado** de pie, parado | 30 **embriagado** atontado, impresionado | 30 **fehaciente** verdadero, cierto

a él en una sombra entre sombras, en un negativo sin revelar, en una mera posibilidad de existencia que nunca se realizaría.

Se arrancó de su contemplación, subió las escaleras de dos en dos, entró en el vestidor, abrió el armario y se puso unos pantalones y una camisa, prendas de calidad que le sentaban perfectamente pero que no eran suyas, como no lo eran los objetos preciosos, ni la cama donde dormía, ni la casa donde despertaba todas las noches como un vampiro sin sed de sangre.

Necesitaba salir a caminar, salir al mundo, aunque el mundo se redujera a la playa solitaria al final del inmenso jardín, a un puñado de calles desiertas flanqueadas por altas tapias y artísticas rejas de hierro forjado, erizadas de cámaras de seguridad. Sabía que en cuanto se pusiera en marcha, dos hombres uniformados lo seguirían de lejos, pero hacía tiempo que había dejado de importarle. Ellos también habían sido comprados por el hombre que habitaba aquella mansión y, si su compra había sido menos drástica, porque ellos podían despedirse cuando quisieran, no por ello era menos exigente su trabajo. Si le ocurría algo a su cuerpo, lo pagarían muy caro.

Se metió en el bolsillo las llaves que siempre estaban en una pequeña bandeja de plata en la mesilla, junto a la cama y bajó de nuevo, cuidando de no hacer ruido, aunque sabía —y el saberlo le daba risa algunas veces— que el dueño de la casa no iba a despertarse por mucho ruido que él hiciera, que hasta cierto punto, el dueño de la casa era él mismo, no otro cuerpo que estuviera durmiendo bajo las sábanas de seda que él acababa de abandonar.

La luna creaba un camino ilusorio sobre la superficie quieta del mar y la arena parecía fosforescente bajo su luz. No había un alma. Sólo, apenas al alcance de su vista, como un movimiento fugaz al límite de su visión periférica, las siluetas de los dos guardaespaldas que lo seguían sin entrometerse. Otra noche se traería una toalla y se daría un baño en el mar, riéndose solo al imaginar las dudas de los dos gorilas sobre la necesidad de vigilarlo más de cerca y tener que tirarse también al agua.

Paseó durante una hora y decidió volver a casa para tener tiempo de servirse una copa o ir a la cocina a buscar algo de comer, más que por hambre, que no lo tenía, por el deseo de masticar conscientemente un alimento que despertara sensaciones gustativas en su lengua.

Cruzando bajo los enormes ombúes del jardín delantero, creyó percibir una sombra luminosa al borde de la piscina y, sin decidirlo, se quedó oculto tras

---

1 **una sombra** Schatten | 1 **revelar** entwickeln | 1 **mero** simple | 3 **arrancar** salir, sacar uc con fuerza | 5 **sentar** quedar, bien o mal, uc | 9 **un puñado** algunos, poco de uc | 9 **desierto** solitario | 10 **una tapia** muro, pared | 10 **una reja** Gitter | 10 **el hierro forjado** Schmiedeeisen | 10 **erizado** cubierto de uc para protegerse | 11 **en cuanto** tan pronto como | 14 **una mansión** casa lujosa y grande | 15 **despedirse** dejar el trabajo | 15 **exigente** difícil, que pide mucho | 17 **una bandeja** Tablett | 18 **cuidar** tener cuidado de uc | 22 **una sábana** tela fina que tapa la cama | 23 **quieto** parado, que no se mueve | 25 **fugaz** breve, de corta duración | 26 **entrometerse** molestar, interferir | 28 **un gorila** *aquí:* guardaespaldas | 31 **una copa** bebida alcohólica | 32 **masticar** kauen | 33 **gustativo** → gusto | 34 **un ombú** árbol | 35 **oculto** escondido, tapado

un tronco, observando. Era efectivamente una persona, una silueta plateada a la luz de la luna, vestida con una bata de casa. La figura se despojó de la bata y, muy lentamente, empezó a bajar los peldaños de las amplias escaleras de mármol que permitían entrar en la piscina. Era una mujer. Una muchacha joven, morena, de largo pelo ensortijado.

Sintió que se le secaba la boca. Había una mujer en la casa. La mujer para la que el viejo deseaba tener un cuerpo joven como el suyo.

En completa inmovilidad, confundido entre las sombras, la miró jugar en el agua durante unos minutos, inocente y natural como una criatura marina, deseando que acabara cuanto antes para poder mostrarse e intentar hablar con ella y, a la vez, que no terminara nunca, que la noche fuera eterna para seguir viéndola retozar sacando chispas de plata al agua de la piscina.

La muchacha salió del agua, de espaldas a él y él se vio avanzando a su encuentro, temiéndolo y deseándolo al mismo tiempo.

—*Bonsoir!* —dijo en francés, la única lengua extranjera que hablaba.

La mujer se volvió, confundida y asustada.

—*Bon soir, madame!* —repitió él, tratando de que su voz, ronca por la falta de uso, no sonara amenazadora.

Ella se cubrió precipitadamente con la bata y, cuando ya parecía que iba a huir sin contestarle, se giró de nuevo hacia él y sonrió.

—Nos conocemos, ¿no recuerdas? —dijo también en francés, dejándolo perplejo—. Nos conocemos del Sanatorio. Yo estaba en la misma sala de espera cuando tú... cuando te llevaron, ¿te acuerdas ahora?

—Tú me hiciste la señal de la cruz al separarnos, ¿verdad?

Ella asintió con la cabeza.

—Me habría gustado poder hacer lo mismo contigo —dijo él, incómodo—. Pero en aquel momento no lo pensé. ¿Qué haces aquí?

—Lo mismo que tú.

Las sombras de los guardaespaldas se movían al límite de la luz, bajo los árboles, indecisas.

—Ven, vamos a sentarnos ahí —propuso él, señalando las tumbonas blancas bajo la pérgola cubierta de buganvillas—. Es la primera vez que hablo con alguien en dos meses.

—Yo también —sonrió ella y le tendió la mano.

---

1 **un tronco** *de árbol* Stamm | 2 **despojarse de uc** quitarse | 3 **un peldaño** escalón (Stufe) | 5 **ensortijado** rizado, ≠ liso | 8 **confundido** confuso | 9 **una criatura** ser vivo | 12 **retozar** saltar alegremente | 12 **una chispa** Funke | 15 **bonsoir** *fr* buenas tardes/noches | 16 **volverse** girarse, darse la vuelta | 16 **asustado** con miedo susto | 17 **une madame** *fr* señora | 17 **ronco** fuerte, grave, ≠ suave | 18 **amenazador** bedrohlich | 20 **huir** escapar, irse | 30 **indeciso** que no sabe cómo reaccionar | 31 **una tumbona** silla para acostarse | 32 **una pérgola** galería, estructura cubierta en el jardín | 32 **una buganvilla** *arbusto trepador* (Kletterbusch) con flores pequeñas blancas, moradas o rojas | 34 **tender** extender, acercar, dar

El contacto fue como un chispazo eléctrico. Hasta ese momento no se había dado cuenta cabal de la falta que le hacía tocar a otra persona, que otra persona lo tocara. Tiró de la mano de ella hasta que estuvieron muy cerca.

—¿Puedo abrazarte? Por favor.

Ella asintió sin palabras y se abrazaron en silencio durante un rato, concentrándose en la increíble sensación de otro cuerpo caliente y vivo apretándose contra el propio. La cabeza de ella le llegaba apenas al hombro y su cuerpo, tan frágil, era sin embargo un ancla que lo sujetaba a la realidad.

—Lo necesitaba mucho —dijo él en voz baja, aflojando el abrazo, sin querer deshacerlo todavía.

—Yo también —susurró ella.

—Ven. Siéntate ahí. Voy a traer algo de beber, ¿quieres?

Volvió en un minuto con una botella de champán y dos copas de un cristal tan fino que parecían hechas de pompas de jabón.

—¿Vivimos los dos en esta casa? —preguntó él después del primer trago, que bebieron sin brindar, mirándose a los ojos.

—Sí. Durante el día somos un viejo matrimonio. Cristòfol Peyró y Anna Saladriga.

—¿Cómo sabes tú eso? —El pánico se apoderó de él sin lucha. Si ella sabía esas cosas, era porque tenía acceso a la mente de la otra mujer, mientras que él, durante el día, no sabía nada ni de sí mismo ni del otro hombre. Ella pareció adivinar su terror y sonrió de nuevo:

—Anna lleva un diario. Yo lo leo todas las noches. Por eso sé que son millonarios; el marido, tú —volvió a sonreír—, tiene empresas de toda clase. Tienen dos hijos mayores, varios nietos, incluso dos bisnietos. Ella tiene remordimientos a veces, pero es tan feliz desde que ha vuelto a ser joven que los escrúpulos van desapareciendo. Se consuela pensando que han hecho bien a muchas personas desconocidas. A nuestras familias.

Él sintió un nudo en la garganta y desvió la vista hacia las sombras del jardín. Ella siguió hablando:

—¿Sabes cuánto han pagado por la... operación?

Él sacudió la cabeza en una negativa.

—Un millón de euros cada uno.

Él se quedó mirándola, con los ojos dilatados y la boca entreabierta, hasta que pudo reaccionar:

—¡A mi familia le prometieron diez mil euros si la transferencia se llevaba a cabo con éxito!

---

1 **un chispazo** *super* chispa | 2 **cabal** completo, total | 9 **aflojar** dejar de sujetar con fuerza | 13 **una copa** vaso de cristal con pie | 14 **una pompa de jabón** Seifenblase | 15 **un trago** Schluck | 16 **brindar** hacer chocar copas o vasos | 19 **apoderarse** dominar, hacerse dueño de uc | 19 **sin lucha** fácilmente | 22 **adivinar** conocer uc antes de que pase o se diga | 27 **consolarse** animar, motivar en la tristeza | 29 **un nudo en la garganta** *loc* ein Kloß im Hals | 29 **desviar la vista** mirar para otro lado | 34 **entreabierta** parcialmente abierta

Ella sonrió de nuevo. Una sonrisa tensa, amarga.

—A la mía también. Y lo hice. Lo hice por diez mil euros. Para que pudieran tener un futuro. Y si no nos hubieran aceptado, de todas formas ya lo había hecho por los primeros mil euros que nos dieron. ¿Te das cuenta? Mil euros, una vida.

Él estrelló la copa sobre las baldosas de la marquesina y se puso en pie, furioso.

—¡Es un crimen!

—Sí. Pero no podemos hacer nada.

—¿Todo bien por ahí? —se oyó una voz masculina desde las sombras.

—Todo bien, Ricard —contestó ella en catalán—. No se preocupe. El señor, que es muy temperamental, ya lo sabe usted.

—¿Por qué entiendo la lengua? —preguntó él, abrumado, dejándose caer de nuevo en la tumbona.

—No sé. Supongo que igual que ellos adquieren habilidades que nosotros tenemos. Si Anna quisiera, sabría anudar alfombras, igual que yo ahora, si quiero, sé tocar el piano como ella. ¿Qué te pasa?

Él se había reclinado en la tumbona y boqueaba.

—Creo que tengo que volver arriba. Debe de haber pasado ya el tiempo.

—Te acompaño.

—¿Vendrás mañana? —preguntó él agarrándola de la mano con desesperación, mientras notaba que el mareo de la próxima pérdida de conciencia lo invadía.

—Mañana aquí mismo, en cuanto despierte.

Subieron las escaleras abrazados, ayudándose el uno al otro. Se separaron en el descansillo del primer piso:

—Mi cuarto está ahí, a la izquierda —dijo ella en un susurro. Y antes de que él cruzara su puerta preguntó:

—¿Cómo te llamas?

—Abraham. ¿Y tú?

—Sarah.

Le habría gustado decir que era una hermosa coincidencia, pero las piernas se le estaban volviendo de goma y apenas podía enfocar la mirada en la figura de ella.

—*Bonne nuit*, Abraham. ¡Que Dios te bendiga! —la oyó decir, antes de sumergirse en la nada.

---

1 **tenso** ≠ relajado | 1 **amargo** ≠ dulce | 6 **estrellar** tirar con violencia, hacer chocar contra el suelo | 6 **una baldosa** Bodenfliese | 13 **abrumado** sorprendido, asombrado | 15 **adquirir** conseguir, lograr | 18 **reclinarse** echarse para atrás | 18 **boquear** abrir la boca | 21 **agarrar** sujetar uc con fuerza | 22 **un mareo** Schwindel | 23 **invadir** apoderarse, entrar y extenderse | 26 **un descansillo** espacio entre grupos de escalones | 32 **una coincidencia** Zufall | 33 **enfocar** centrar, ver con claridad | 35 **bonne nuit** *fr* buenas noches | 36 **sumergirse** hundirse, caer, entrar dentro de uc

Cristòfol Peyró era un extraordinario hombre de negocios: ambicioso, tenaz, innovador, un luchador nato, pero a pesar del nuevo cuerpo que habitaba desde hacía más de tres meses, su mente seguía teniendo ochenta y dos años y eso hacía que algunas cosas se le desdibujaran ocasionalmente, que no siempre hiciera lo que se había propuesto hacer, a menos que estuviera anotado en su agenda o que su secretaria personal tuviera conocimiento de ello. Por eso, casi cinco semanas después de la fiesta del jardín, aún no se había puesto en contacto con el doctor Mendoza. De vez en cuando algo le decía que tenía que llamarlo, pero como nunca acababa de recordar con precisión para qué quería hacerlo, lo archivaba pensando que se trataba de la inquietud natural en su situación y que todas las preguntas pendientes surgirían y serían contestadas en la siguiente visita de control, el cinco de septiembre.

La mañana del día tres, al despertarse, estiró una larga pierna hacia el lado opuesto de la cama, tropezó con el cuerpo dormido de Anna y se sobresaltó ligeramente. No recordaba que se hubieran ido juntos a dormir. Cada vez con más frecuencia se encontraba a su mujer al abrir los ojos, unas veces en su dormitorio, otras en el de ella. Y eso sólo podía significar que sus anfitriones, aprovechando las horas nocturnas, se habían conocido y habían decidido sacar provecho de la situación que los había colocado en la misma casa.

Era inquietante. Por un lado era inquietante y por otro dejaba un cierto regusto de humillación en la garganta el que durante unas cuantas horas su cuerpo fuera movido por otra voluntad, sin que él pudiera hacer nada por evitarlo. Se apoyó sobre un codo, se inclinó hacia Anna y la contempló largamente pensando cómo sería ella cuando no fuera Anna, cuando fuera la muchacha africana de nombre desconocido; cómo sería su sonrisa, cómo brillarían sus ojos cuando al verlo no lo viera a él sino al otro, al hombre de Mali que, con el mismo cuerpo, le haría el amor como él hacía con Anna. ¿O de otra manera? ¿Cuántas maneras distintas hay de hacer el amor?

Le pasó la mano por la curva de la cadera y Anna se removió un poco hasta que entreabrió los ojos y le regaló su sonrisa blanca.

—Me encanta despertarme a tu lado —le dijo en un susurro.

—A mí no —Tòfol saltó de la cama y, como siempre, fue a plantarse frente al espejo.

—¡Jesús, Tòfol! Después de tantos años te estás volviendo grosero. —Su sonrisa había desaparecido.

—¿Es que no te das cuenta de lo que significa que nos despertemos en la misma cama?

---

2 **tenaz** firme, constante | 2 **nato** nacido con una cualidad | 4 **ocasional** a veces | 5 **proponerse** tener un objetivo, tener planes de uc | 6 **anotado** apuntado, escrito | 10 **la inquietud** ≠ tranquilidad | 11 **pendiente** que no se ha hecho o solucionado | 11 **surgir** salir, aparecer | 14 **tropezar** chocar, encontrarse con | 14 **sobresaltarse** sorprenderse, asustarse | 18 **aprovechar** utilizar uc bien | 19 **sacar provecho** ganar, tener beneficio con uc | 19 **colocar** poner | 20 **inquietante** preocupante, alarmante, que intranquiliza | 21 **un regusto** sensación | 21 **la humillación** Demütigung | 22 **la voluntad** Wille | 23 **apoyarse** dejar uc sobre otra cosa | 34 **grosero** descortés

Ella lo miró fijamente, sin comprender.

—Significa —siguió él, alzando cada vez más la voz— que esos dos negros que nos ocupan durante la noche se dedican a follar cuando tú y yo estamos durmiendo. Por eso te he pedido ya varias veces que te encierres con llave en tu dormitorio cuando te acuestas.

—Pero... pero eso no sirve de nada, hombre, ¿no te das cuenta? Cuando la otra se despierta, no tiene más que girar la llave y ya está.

—Si la guardaras en un sitio bien oculto, no pasaría.

—La guardé en un sitio dificilísimo, Tòfol. Ni tú la encontrarías. Pero parece que ella sí. Y además —añadió levantándose y acercándose a acariciarle la espalda— ¿a ti qué más te da, cariño? Nosotros nos hemos quedado con sus cuerpos, con sus vidas... en el fondo es una suerte que se lleven bien, que a lo mejor se hayan enamorado. Imagínate si se odiaran, si él le pegara por las noches...

—Tenemos que decirle a los de seguridad que no los dejen estar juntos.

Ella suspiró, se sentó al tocador, y dejó pasar unos minutos en silencio. Sabía por experiencia que eso calmaría a su marido y después podrían seguir hablando civilizadamente. Tòfol se encendió un habano y abrió los ventanales para salir a la terraza a mirar el mar.

—No te parece una buena idea, ¿verdad? —preguntó él, aún de espaldas.

—Me parece innecesariamente cruel y además, los muchachos de la seguridad no pueden distinguir si son ellos o nosotros.

—¡Faltaría más! —el antiguo rostro de Tòfol estaría ya enrojecido y las venas de su cuello habrían empezado a marcarse; el rostro actual apenas había cambiado en color, salvo los ojos, que aparecían desorbitados.

—No te enfades, Tòfol, pero los muchachos me han dicho que muchas noches nos han visto tomando una copa en la terraza y hablando en catalán, como siempre. ¿Cómo van a saber ellos quién es quién?

Tòfol se dejó caer en un sillón de mimbre, anonadado:

—¿Desde cuándo hablan en catalán?

—No sé. Desde el principio, supongo. Igual que tú el otro día descubriste que puedes correr como un gamo.

—Eso es porque he vuelto a ser joven.

—Y porque al parecer es algo que ese chico sabe hacer. —Hubo una larga pausa que Anna aprovechó para cepillarse el pelo. Sabía que a su marido había que darle tiempo para digerir ciertas noticias y ahora era importante que

---

2 **alzar** levantar | 3 **follar** *Esp vulg* tener sexo | 4 **encerrarse** meterse, estar dentro de uc | 8 **guardar** poner uc en un lugar seguro | 10 **añadir** hinzufügen | 10 **acariciar** tocar suavemente con la mano | 11 **dar más uc** *coloq* importar | 11 **cariño** amor, tesoro | 12 **en el fondo** *loc* en realidad | 13 **pegar** golpear | 16 **un tocador** cómoda con espejo para arreglarse | 18 **encender** anzünden | 22 **distinguir** diferenciar, reconocer | 23 **¡faltaría más!** Lo que faltaba, de ninguna manera | 25 **salvo** excepto | 25 **desorbitado** que se sale por enfado o asombro | 29 **el mimbre** Rattan | 29 **anonadado** muy sorprendido, desconcertado | 31 **descubrir** saber uc por primera vez | 32 **un gamo** Damwild (por su rapidez) | 35 **cepillarse** pasar el cepillo (bürsten) | 36 **digerir** *fig* comprender, asimilar uc mala

hubiera digerido ésa, antes de darle la siguiente, la que llevaba días queriendo comunicarle y nunca encontraba el momento ideal para hacerlo.

—Entonces, ¿qué hacemos? ¿Qué dices tú?

—Nada, cariño. No hacemos nada. Dejamos que ellos usen sus pocas horas del modo que mejor les parezca. Al fin y al cabo, no hacen nada dañino. Hacen justamente lo mismo que nosotros. En la base es igual, ¿no crees?

No, pensó Tòfol. ¿Qué iba a ser igual? ¿Cómo iba a ser igual que él estuviera con Anna, con su mujer de toda la vida, o que un desconocido estuviera con ella? Claro que, bien mirado, con quien estaba el desconocido no era con su mujer, sino con otra desconocida que, casualmente, compartía el mismo cuerpo. Era demasiado difícil para un hombre nacido en 1950, para un hombre acostumbrado a pensar que cada cuerpo tiene un alma y sólo una. ¿Serían escrúpulos religiosos ahora, después de una vida de negar todo tipo de boberías teológicas? ¿O eran simplemente celos, el sentimiento más vulgar y primitivo de la humanidad?

Anna se levantó del tocador, salió a la terraza y se acuclilló a los pies de su marido, tomándole las manos. El puro humeaba, azul, en el aire de la mañana, abandonado en el cenicero de marfil.

—Tófol, querido, escúchame. Quiero decirte algo desde hace ya unos días y creo que tengo que decírtelo ahora. ¿Me escuchas?

Él asintió con la cabeza, sintiendo un nudo ganarle la garganta. Cuando Anna empezaba así, siempre eran malas noticias. Llevaban cincuenta años juntos y lo sabía.

—Estoy embarazada.

—¡¿Quée?! —No tenía ni idea de lo que pensaba que le iba a decir Anna, pero desde luego, no era eso lo que se había imaginado. Aquello era absurdo, ridículo, impensable—. No digas estupideces, Anna. Tienes casi ochenta años.

—Ya no —dijo ella en voz suave.

—¿Estás segura de...?

—Claro.

Hubo una pausa en la que se limitaron a mirarse a los ojos: él hacia abajo, ella hacia arriba.

—Bien. Pues habrá que abortar. No veo otro remedio.

—¿Por qué?

—¿Cómo que por qué?

---

5 **el modo** manera, forma | 5 **dañino** peligroso, malo | 14 **una bobería** tontería, uc sin sentido | 14 **los celos** *pl* envidia (Eifersucht) | 16 **acuclillarse** in die Hocke gehen | 17 **humear** salir *humo* (Rauch) | 18 **un cenicero** Aschenbecher | 21 **ganar** *aquí:* ponerse en, invadir | 34 **abortar** no seguir con un embarazo | 34 **un remedio** solución

—Sí. ¿Por qué? Ahora somos jóvenes, sanos, fuertes. Nos queremos. Tenemos más dinero del que podríamos gastar en tres vidas. ¿Por qué vamos a negarnos a tener este hijo?

Él boqueó durante unos instantes, incapaz de comprender que ella no fuera de su opinión.

—¡Porque ni siquiera sabemos de quién es! —explotó por fin.

Ella le cogió la cabeza entre las manos y le acarició el pelo, como solía hacer en los momentos de crisis.

—¿De quién va a ser, hombre de Dios? Nuestro —dijo suavemente—. Tuyo y mío.

—-Y de ellos —dijo Tòfol entre dientes— de esa pareja de negros que nos hemos comprado como si fueran un par de zapatos, sin pensar en las consecuencias. Ésa es su venganza.

—¡No digas tonterías! —Anna se puso en pie, ofendida—. Ese niño es mío. Y tuyo. Y ha venido como tienen que venir los hijos, con toda naturalidad, sin tener que matarnos a visitas al ginecólogo de Suiza, sin tener que hacer de todo para conseguirlo, como nos pasó con Quim y con Montse. ¿O te has olvidado ya de lo que nos costó tenerlos?

Tòfol enterró la cabeza entre las manos y se quedó muy quieto, mirando al suelo, sin saber qué pensar.

—Lo tendremos —continuó Anna— y le daremos todo lo que unos padres pueden dar a su hijo. A lo mejor éste es lo que siempre has deseado, el que se haga cargo de la dirección de tus empresas porque con Quim, ya lo sabes tú, nunca se ha podido contar. Ni con ninguno de los dos nietos varones.

—Sí, mujer —dijo Tòfol sin levantar la vista, con la voz llena de desprecio—. Un negro dirigiendo lo que he tardado una vida en construir.

—Ahora es también un negro el que lo dirige, ¿no?

—¡Pero soy yo!

—¡Pero eres negro! Igual que yo. No tienes más que ir al primer espejo.

Lo tomó violentamente de la mano y lo arrastró hasta el dormitorio:

—¿Lo ves? Pero eso no es lo importante, Tòfol, lo importante es lo que está dentro. Tú. Yo. Él. O ella —añadió con una pequeña sonrisa—. Pero creo que va a ser chico. Lo siento aquí —se llevó la mano al vientre plano.

—Déjame pensarlo, por Dios, Anna. Dame un poco de tiempo. Por favor.

Anna lo abrazó y, juntos, se tumbaron en la cama, con los ojos húmedos.

---

2 **negarse** no querer, ≠ admitir | 4 **incapaz de uc** que no puede hacer uc | 11 **entre dientes** hablar sin que se entienda lo que se dice | 13 **una venganza** Rache | 14 **ofendido** molesto, humillado, insultado | 19 **enterrar** *aquí*: tapar, esconder, ocultar | 23 **hacerse cargo de uc** *loc* encargarse, tomar la responsabilidad | 25 **el desprecio** indiferencia, sin respeto | 26 **dirigir** guiar, llevar uc *p ej* un negocio | 30 **arrastrar** *tirar* (ziehen) de uc | 33 **un vientre** barriga | 33 **plano** liso | 35 **tumbarse** echarse, acostarse

Abraham se puso violentamente en pie, fue a la entrada del salón y encendió de golpe todas las lámparas. La habitación se iluminó como si fuese mediodía.

—¡Ni pensarlo! —gritó, fuera de sí—. ¡Jamás! ¿Me oyes? ¡Jamás! Antes te mato y me mato yo después.

Sarah tenía costumbre de ver hombres enfurecidos. A lo largo de su infancia y juventud había visto muchas veces que la reacción masculina ante la impotencia, ante las situaciones sin salida, era la rabia, la furia destructora, el golpear ciegamente sin pensar, sin calcular los daños. Le asustaba un poco, pero más por el niño que por ella misma. Su padre también le había pegado algunas veces, pero nunca era muy grave: un par de moretones, algunos rasguños quizá, nada importante. Pero era la primera vez que estaba embarazada y no sabía hasta qué punto una paliza podría afectar a su hijo, de modo que se encogió en el sofá esperando que gritara y rompiera cosas hasta que se hubiera tranquilizado lo suficiente para hablar otra vez.

—¡No sólo nos han comprado como bestias en la feria, sino que ahora quieren quedarse también con nuestros hijos! Creen que tienen todos los derechos porque tienen dinero. El euro es su único dios. ¡Pero no se saldrán con la suya! ¡No lo consentiré!

Se acercó al sofá en unas zancadas, la cogió de la mano y tironeó de ella para ponerla en pie:

—¡Vamos! ¡Vamos a darnos un baño al mar! Dicen que es una muerte dulce. No sentiremos nada.

Ella se aferró al sofá con todas sus fuerzas, llorando y negando con la cabeza.

—¡No, no, no! Por favor, Abraham, por Dios te lo pido. ¡Es suicidio, es asesinato, no puedes hacernos eso! ¡No puedes matar a tu hijo!

—No es mi hijo, ¿no lo entiendes? Es hijo de esos blancos que nos han comprado por un puñado de euros, que nos han estafado a nosotros y a nuestras familias, es un hijo del diablo.

—Todos los niños vienen de Dios.

Él lanzó una carcajada cruel:

—Sí. Así nos va en África con esas ideas. «Todos los niños vienen de Dios». ¿Para qué? ¿Para morirse como animales antes de cumplir los dos años, de hambre o de enfermedad?

---

6 **enfurecido** muy enfadado, furioso | 8 **la rabia** Wut | 8 **destructor** que rompe, deshace uc | 9 **ciego** que no ve | 9 **asustar** dar miedo | 11 **un moretón** mancha azul o morada por un golpe | 12 **un rasguño** Schramme | 13 una **paliza** serie de golpes dados a up | 13 **afectar uc a up** betreffen | 14 **encoger** hacer uc más pequeña | 16 una **feria** Messe | 18 **salirse up con la suya** loc conseguir lo que up quiere | 19 **consentir** dar permiso, permitir | 20 **una zancada** paso largo | 20 **tironear** dar tirones, tirar | 24 **aferrarse** sujetarse con fuerza | 27 un **asesinato** muerte de up por otra | 29 **estafar** robar, quitar dinero a up

—Éste no morirá de hambre, Abraham. Se criará como un príncipe en Europa, en una familia de millonarios. Nuestro hijo tendrá lo que nosotros nunca pudimos tener. Quizá, cuando crezca, pueda ayudar a los nuestros.

—Cuando crezca, será negro por fuera pero blanco por dentro, Sarah, no te engañes. Será como ellos y se comprará un cuerpo cuando el suyo ya no le valga. Pero para entonces habrán hecho leyes para que la compra sea definitiva, para suprimir la personalidad original.

—¿Tú crees? —preguntó Sarah, muy bajito.

—Yo no soy tan ingenuo como tú.

Un carraspeo en las puertas de la terraza los hizo volverse:

—Disculpen, señores, ¿ocurre algo? —preguntó el agente de seguridad que, con cada noche que pasaba, se volvía más inseguro.

—¡No se le ocurra volver a molestar o puede ir buscándose otro trabajo! —gritó Abraham en español.

—Perdone, don Cristóbal. Yo trataba de cumplir sus órdenes, pero es que... es que cada vez es más difícil.

—No sufra, Ricard. El señor y yo estamos teniendo una vulgar discusión matrimonial. Nada grave. Haga usted su ronda tranquilo —intervino Sarah.

—Sí, señora. Disculpen otra vez.

Abraham se dejó caer en un sillón frente a ella, agotado y confuso.

—Nosotros lo educaremos durante cuatro horas al día, Abraham. No es mucho, ya lo sé, pero la mayor parte de los hijos ven a sus padres mucho menos tiempo. Haremos que comprenda de dónde viene, quién es, cuál es su responsabilidad.

—No podemos ganar, Sarah —dijo él, cansado, apoyando la frente en las manos entrelazadas—. Ellos lo tienen todo; nosotros no tenemos nada.

—Tenemos tiempo y amor.

Callaron durante unos momentos, en un silencio que vibraba con la tensión.

—¿Sabes que hace ya dos semanas que Anna y yo nos escribimos?

Él levantó la cabeza, perplejo.

—Se me ocurrió de repente, después de leer la anotación del diario donde Anna había escrito sobre el embarazo. Ella también lo quiere, ¿sabes? Él no.

—¿Qué? —otra vez el chispazo de furia en sus ojos.

—¿No se te había ocurrido? Nosotros no tenemos más salida que la muerte, pero ellos tienen muchas posibilidades. Si no lo quisieran, podrían ir a una clínica privada a abortar. Es cuestión de un cuarto de hora. Y no nos lo consultarían, claro.

---

1 **criarse** educarse, *crecer* (wachsen) | 6 **valer** servir, ser útil | 7 **suprimir** eliminar | 15 **cumplir** obedecer, hacer lo que up ha dicho | 15 **una orden** regla, mandato | 18 **intervenir** participar, decir uc | 26 **entrelazado** unido | 37 **una cuestión** asunto, tema, cosa

—No pueden hacernos eso —dijo él, casi tartamudeando—. Es nuestro hijo. No pueden decidir por nosotros.

—Sí pueden, Abraham. Tú sabes que sí. Pero ella lo quiere, así que yo le dejo notas por la noche y nos damos ánimos una a otra. Ella cree que lo convencerá. Y yo quiero convencerte a ti.

—¿Por qué no lo quiere él?

Sarah dio un corto resoplido, echando la cabeza atrás en el sofá:

—¿Por qué crees tú?

Él siguió en silencio. Ella continuó:

—Porque es negro lo primero. Luego porque tiene toda nuestra dotación genética. De ellos no tendrá más que la educación, parte de la educación. No lo quiere, sencillamente, porque no es hijo suyo.

—¿No?

—Es tuyo, Abraham. Y mío. Es de Dios. —Hizo una pausa para dejar que las ideas se fueran filtrando en la cabeza del hombre—. Le he pedido a Anna que lo llamen Isaac, si es niño. El regalo de Dios a una pareja de ancianos y, a la vez, el hijo de Sarah y Abraham. Nuestro hijo.

Isaac Peyró Saladriga nació el 7 de abril de 2033 en la Clínica de Nuestra Señora de la Concepción, en Barcelona. Ojos negros, piel oscura. Tres kilos quinientos gramos. Cincuenta y cuatro centímetros. Parto natural.

Fue el primer niño europeo nacido de padres ocupantes de un cuerpo anfitrión.

En la actualidad, la Unión Europea cuenta con tres mil trescientos ochenta y seis transferidos y hay quinientos catorce niños nacidos de este tipo de parejas, sin contar los nacimientos de parejas mixtas en las cuales sólo uno de los progenitores es un transferido. Todos los nacidos pertenecen socialmente a las clases más elevadas. Las leyes que regulan la transferencia no han sufrido modificaciones, aunque continúan los debates en el Parlamento europeo para aumentar las horas de prestación al comprador.

La población del continente africano sigue disminuyendo; la del continente asiático se mantiene estacionaria. La media de edad en Europa ha aumentado significativamente gracias a los nuevos desarrollos de la técnica, a pesar de que el precio de las transferencias se ha incrementado en un cincuenta y cinco por ciento.

En un noventa y seis por ciento de los casos hay procesos judiciales abiertos por los herederos de la pareja original para reclamar la exclusión de la herencia

---

1 **tartamudear** stottern | 7 **un resoplido** Schnauben | 10 **una dotación genética** conjunto de genes que transmiten la información de padres a hijos | 20 **un parto** nacimiento | 21 **un ocupante** *aquí:* up que tiene un cuerpo de otro | 24 **un transferido** *aquí:* up que ha cambiado de cuerpo | 26 **un progenitor** padre o madre | 29 **aumentar** hacer mayor uc | 30 **disminuir** ≠ aumentar, bajar | 33 **incrementar** subir, aumentar | 35 **judicial** gerichtlich | 36 **un heredero** up que recibe dinero al morir up | 36 **una herencia** uc que se hereda

de los nuevos nacidos alegando que no comparten con ellos dotación genética, aunque sean hijos jurídicamente legítimos de los mismos padres. Ninguno de los nuevos nacidos ha llegado todavía a la mayoría de edad.

En todas las universidades europeas se ha creado una rama de estudios jurídicos especializada en Derecho de Transferencia Personal y todas las facultades de medicina cuentan con una especialización en Transferencias. La Iglesia Católica sigue rechazando la transferencia, aunque aún no ha entrado en vigor la propuesta de los obispos del Tercer Mundo para excomulgar a quienes la practican. Socialmente, la aceptación de esta práctica es cada vez mayor.

---

1 **alegar** argumentar | 3 **la mayoría de edad** *loc* edad legal (18 años) | 4 **una rama** parte de una ciencia, especialización | 7 **rechazar** ≠ aceptar | 7 **entrar en vigor** empezar a funcionar | 8 **un obispo** Bischof

el cómic

LA LUZ DEL AMANECER ENTRABA SESGADA A TRAVÉS DE LOS TOLDOS VERDEAZULES CREANDO EN LA SALA UN EFECTO DE CUEVA SUBMARINA. UN RELOJ MARCABA LOS MINUTOS Y, CON CADA «CLAC», LAS DOS PERSONAS QUE OCUPABAN EL CUARTO MIRABAN EN DERREDOR, COMO SORPRENDIDOS, PARA PERDER DE NUEVO LA VISTA EN LOS SEDANTES PAISAJES QUE ADORNABAN LAS PAREDES. AMBOS LLEVABAN LA BATA AZUL CLARO DE LAS INSTITUCIONES HOSPITALARIAS EUROPEAS...

AMBOS SUFRÍAN DE UNA TENSIÓN CASI INSOPORTABLE.

AMBOS ERAN LOS ELEGIDOS ENTRE MÁS DE 1000 CANDIDATOS.

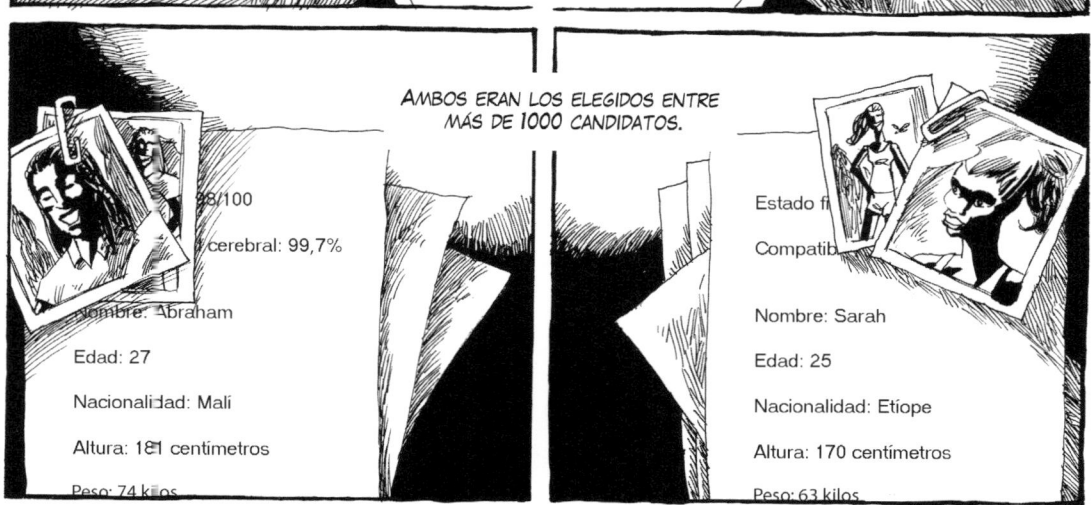

38/100

cerebral: 99,7%

Nombre: Abraham

Edad: 27

Nacionalidad: Malí

Altura: 181 centímetros

Peso: 74 kilos

Estado fí

Compatib

Nombre: Sarah

Edad: 25

Nacionalidad: Etíope

Altura: 170 centímetros

Peso: 63 kilos

---

un amanecer salida del sol | sesgado ≠ recto, de lado | un toldo Markise | una cueva Höhle | en derredor loc alrededor | sedante tranquilizante | adornar decorar | una bata abrigo de tela muy fina (Kittel) | una tensión Spannung | insoportable terrible, enorme | cerebral del cerebro (Gehirn)

AMBOS ESTABAN AHÍ POR DINERO.

MIL EUROS POR TU VIDA

DE ELIA BARCELÓ

TOC TOC

TRES MINUTOS DESPUÉS
LE TOCÓ EL TURNO A ELLA.

precioso muy guapo | **cariño** amor, tesoro | **tener en cuenta** *loc* tener presente, pensar | **irreprochable** sin defecto, perfecto | **debidamente** ADV justamente, correctamente

39

TODAS LAS PREGUNTAS HABÍAN SIDO CONTESTADAS DECENAS DE VECES EN LAS MUCHAS ENTREVISTAS QUE LOS PEYRÓ HABÍAN CELEBRADO CON EL DOCTOR MENDOZA.

CRISTÓFOL Y ANNA YA SABÍAN QUE A PARTIR DE LA OPERACIÓN, LOS DOS TENDRÍAN PLENO DOMINIO DEL CUERPO DE ESOS DOS JÓVENES. Y MIENTRAS ELLOS DURMIERAN, LOS AFRICANOS PODRÍAN VIVIR SU VIDA. PERO NINGUNO TENDRÍA ACCESO A LA VIDA DEL OTRO, NI RECUERDO DE SUS ACTIVIDADES.

PERO SIEMPRE SURGÍA UNA DUDA NUEVA, UNA REFLEXIÓN INCÓMODA.

ME HACE MAL EFECTO. ES PRÁCTICAMENTE QUEDARNOS CON SU VIDA.

LA COMPRENDO, SEÑORA SALADRIGA, LA COMPRENDO.

PERO NO TIENE QUE PREOCUPARSE. DE HECHO, SE TRATA DE UN ACTO DE CARIDAD. SIN USTEDES, ESOS JÓVENES NO TENDRÍAN NINGUNA POSIBILIDAD.

Y CON EL DINERO QUE USTEDES LES CEDEN, SUS FAMILIAS PODRÁN SOBREVIVIR.

UNOS EUROS POR UNA VIDA HUMANA.

PODEMOS PERMITÍRNOSLO, ANNA.

una decena diez unidades *aquí:* mucho | **pleno** total, completo | **el dominio** control | **el acceso** Zugang |
surgir salir, aparecer | **una reflexión** pensamiento | **hacer mal efecto uc a up** hacer sentir mal uc |
tratarse de sich handeln um | **la caridad** actitud solidaria con up | **ceder** dar, entregar |
permitirse uc tener la posibilidad de hacer algo *aquí:* gastar mucho dinero

LA FIESTA FUE UN ÉXITO. DURANTE EL CONVITE, TODO ERAN DUDAS, PREGUNTAS Y FELICITACIONES.

NO ME ACLARO. CREO QUE SOY MUY MAYOR PARA ESTO. ¿POR LA MAÑANA EL CUERPO ES VUESTRO Y POR LA NOCHE ES DE LOS AFRICANOS?

ALGO ASÍ. PERO SÓLO DURANTE CUATRO HORAS, MIENTRAS NOSOTROS DORMIMOS.

OSTI, NOI. ¿Y NO TENÉIS MIEDO DE QUE HUYAN? IMAGÍNATE... EL NEGRO COGE UN AVIÓN POR LA NOCHE Y TÚ AMANECES EN EL CONGO.

ESO ES IMPOSIBLE. LOS CHICOS DE SEGURIDAD TIENEN INSTRUCCIONES PARA VIGILARLES DURANTE SU INTIMIDAD.

ESTÁS MONÍSIMA, PERO... ¡TE HABRÁ COSTADO UNA MILLONADA! SI UN SIMPLE LIFTING YA CUESTA UN DINERAL...

ES CARO, PERO NO PARA TANTO. ENTRE TÚ Y YO... UN MILLÓN DE EUROS.

¡QUÉ ENVIDIA! CON ESOS CUERPOS PODRÉIS DISFRUTAR DE UNA SEGUNDA JUVENTUD...

¿Y QUÉ OPINAN VUESTROS HIJOS? DEBE DE SER DURO PERDER AL TENIS CON TU PADRE OCTOGENARIO...

NO NOS HABLAN. YO ENTIENDO QUE NO ES FÁCIL VER CÓMO TU PADRE, DE LA NOCHE A LA MAÑANA, TIENE LA EDAD DE TU HIJO...

PERO ¿Y NUESTRA FELICIDAD? ¡SON UNOS EGOÍSTAS!

---

un convite comida, banquete | **osti** *cat* expresión de sorpresa | **noi** *cat* chico | **huir** escapar, irse | **amanecer** *aquí:* despertarse, levantarse | **mono** guapo | **una millonada** mucho dinero | **un dineral** mucho dinero | **la envidia** deseo por uc que no se tiene | **octogenario** persona de entre ochenta y noventa años | **de la noche a la mañana** *loc* de repente

DÍAS DESPUÉS, ANNA Y CRISTÓFOL DISFRUTABAN DE UNA NUEVA JUVENTUD...

... VOLVÍAN A UNA NUEVA RELACIÓN...

... Y EXPLORABAN UNOS NUEVOS CUERPOS.

SER GUARDIA DE SEGURIDAD EN LA CASA DEL MATRIMONIO PEYRÓ NO ES NADA FÁCIL. POR LA NOCHE, EL TRABAJO SE COMPLICA.

SERGI, EL NEGRO HA SALIDO DE LA CASA.

¿PERO QUÉ NEGRO? ¿EL QUE NOS PAGA O EL OTRO?

YO QUÉ SÉ. ¿QUÉ HACEMOS? ¿LE DECIMOS ALGO?

EL JEFE NOS DEJÓ CLARO QUE NO PERMITIÉRAMOS QUE SE JUNTARAN A ESTAS HORAS. SEGURAMENTE SON LOS OTROS.

TRANQUILO, HOMBRE. TODAVÍA NO HAN HECHO NADA. SI VEMOS ALGO RARO, ACTUAMOS.

HOLA... ¿TE ACUERDAS DE MÍ?

TODAVÍA RECUERDO EL ABRAZO QUE ME DISTE.

¿QUÉ HACES AQUÍ?

LO MISMO QUE TÚ.

DESPUÉS DE TODO ESTE TIEMPO, SIGO DESORIENTADO. ¿VIVIMOS LOS DOS EN ESTA CASA?

SÍ. DURANTE EL DÍA SOMOS UN VIEJO MATRIMONIO.

CRISTÓFOL PEYRÓ Y ANNA SALADRIGA.

¿CÓMO SABES TÚ ESO?

cierto + SUST indica uc inconcreta | **adquirir** conseguir, lograr | **una habilidad** capacidad para uc | **anudar** *aquí:* knüpfen | **una alfombra** Teppich | **en cuanto** tan pronto como

49

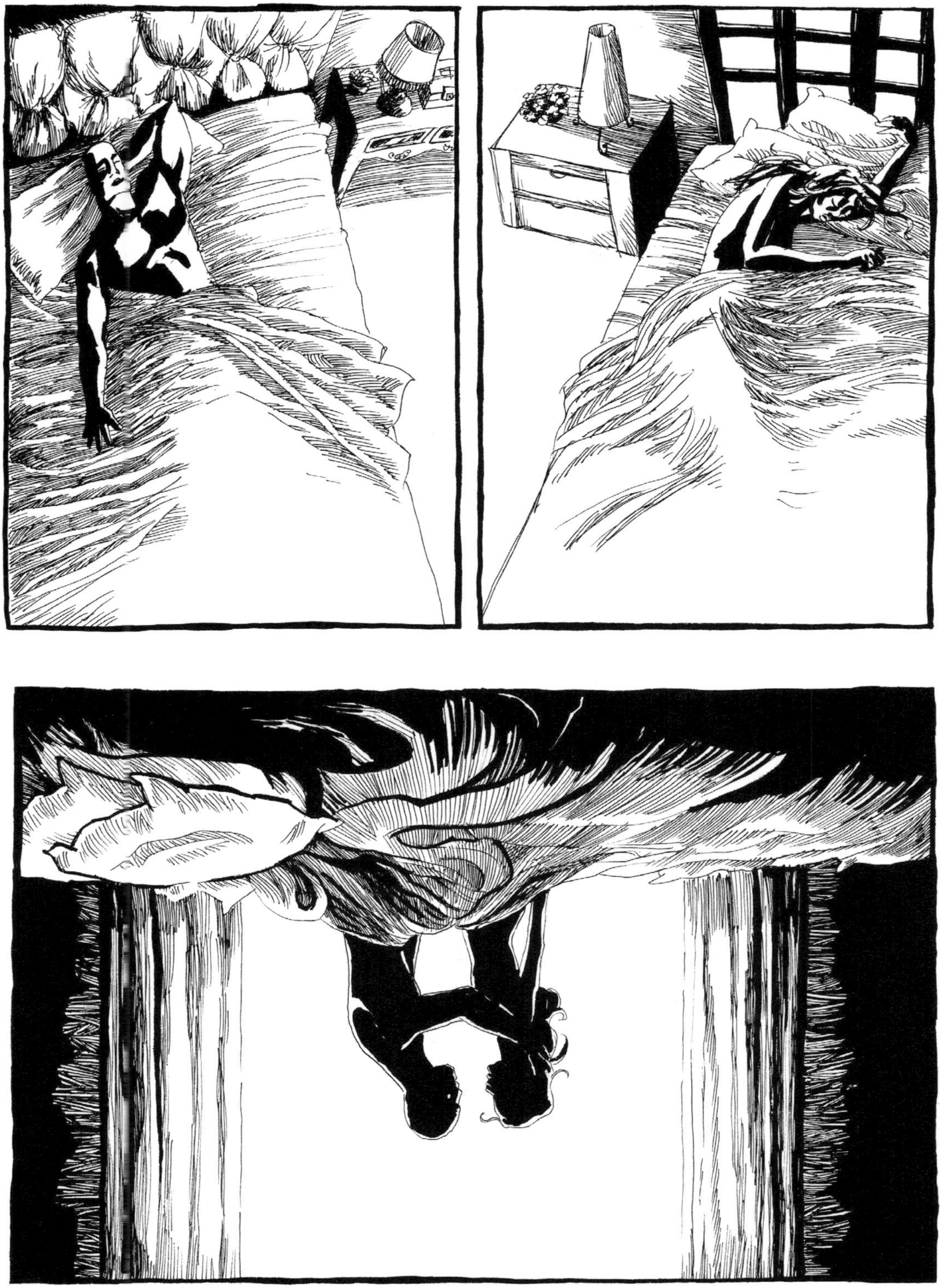

dar más uc *coloq* importar | **en el fondo** *loc* en realidad | **llevar a cabo** *loc* realizar, hacer | **quemar** *aquí:* molestar, enfadar

51

decidir entscheiden | **el alivio** liberación, tranquilidad | **estar con up** estar de acuerdo

jamás nunca | **una feria** Messe | **el derecho** Recht | **salirse up con la suya** loc conseguir lo que up quiere | **consentir** dar permiso, permitir

PUES HABRÁ QUE ABORTAR. NO VEO OTRO REMEDIO.

¿POR QUÉ?

¿CÓMO QUE POR QUÉ?

SÍ. ¿POR QUÉ?

¡POR TODO! ¿QUÉ PENSARÁN NUESTROS HIJOS? UN HERMANO SESENTA AÑOS MENOR... ¡Y NEGRO!

¡PERO SI ES TU HIJO!

¡QUÉ DICES! ¡NI SIQUIERA SABEMOS DE QUIÉN ES!

¿DE QUIÉN VA A SER? ¡NUESTRO!

Y DE ELLOS, DE ESA PAREJA DE NEGROS QUE NOS HEMOS COMPRADO COMO SI FUERAN UN PAR DE ZAPATOS, SIN PENSAR EN LAS CONSECUENCIAS. ÉSA ES SU VENGANZA.

¡NO DIGAS TONTERÍAS! ESE NIÑO ES MÍO. Y TUYO. LO TENDREMOS.

ME NIEGO. ESE MISERABLE ME ESTROPEA LA BOCA, SE ACUESTA CON MI MUJER Y, AHORA, LA DEJA EMBARAZADA. ¿QUÉ SERÁ LO PRÓXIMO? ¿DECIDIR MI MUERTE?

---

abortar no seguir con el embarazo | **un remedio** solución | **una venganza** Rache | **negarse** no querer aceptar uc |
estropear dañar, maltratar

Isaac Peyró Saladriga nació el **7** de abril de **2033** en la Clínica de Nuestra Señora de la Concepción, en Barcelona. Ojos negros, piel oscura. Tres kilos, quinientos gramos. Cincuenta y cuatro centímetros. Parto natural.

Fue el primer niño europeo nacido de padres ocupantes de un cuerpo anfitrión. En la actualidad, la Unión Europea cuenta con **3.386** transferidos y hay **514** niños nacidos de este tipo de parejas, sin contar los nacimientos de parejas mixtas, en las cuales sólo uno de los progenitores es un transferido. Todos los nacidos pertenecen socialmente a las clases más elevadas.

Las leyes que regulan la transferencia no han sufrido modificaciones, aunque continúan los debates en el Parlamento Europeo para aumentar las horas de prestación al comprador. La población del continente africano sigue disminuyendo; la del continente asiático se mantiene estacionaria. La media de edad en Europa ha aumentado significativamente gracias a los nuevos desarrollos de la técnica, a pesar de que el precio de las transferencias se ha incrementado en un **55%**.

En un **96%** de los casos hay procesos judiciales abiertos por los herederos de la pareja original para reclamar la exclusión de la herencia de los nuevos nacidos alegando que no comparten con ellos dotación genética, aunque sean hijos jurídicamente legítimos de los mismos padres. Ninguno de los nuevos nacidos ha llegado todavía a la mayoría de edad.

En todas las universidades europeas se ha creado una rama de estudios jurídicos especializada en Derecho de Transferencia Personal y todas las facultades de Medicina cuentan con una especialización en Transferencias.

La Iglesia Católica sigue rechazando la transferencia, aunque aún no ha entrado en vigor la propuesta de los obispos del Tercer Mundo para excomulgar a quienes la practican. Socialmente, la aceptación de esta práctica es cada vez mayor.

un parto nacimiento | **un ocupante** *aquí:* up que tiene un cuerpo de otro |
un anfitrión *aquí:* up que presta su cuerpo | **un transferido** *aquí:* up que ha cambiado de cuerpo |
un progenitor padre o madre | **pertenecer** formar parte | **sufrir** *aquí:* tener | **una prestación** Leistung |
incrementar subir, aumentar | **judicial** gerichtlich | **una rama** especialización |
rechazar ≠ aceptar | **entrar en vigor** empezar a funcionar | **un obispo** Bischof

Elia Barceló

Los autores y su obra

Elia Barceló estudió Filología Angloamericana en la Universidad de Valencia (1979) y Filología Hispánica en la Universidad de Alicante (1981). Se doctoró en Literatura Hispánica por la Universidad de Innsbruck, Austria (1995), donde es ahora profesora. La escritura ha sido siempre su pasión y ha cultivado casi todos los géneros, aunque siente predilección por el de ciencia ficción, el fantástico y el policial. Ha publicado novelas, ensayos y numerosos relatos en revistas españolas y extranjeras. Su obra está traducida a quince idiomas.

Luis Miguez vino a este mundo en 1981. Podría decirse que nació con un lápiz en la mano. Después de acabar el bachillerato, y comenzar y descartar su carrera como –supuesto– filósofo, Luis se matriculó en la Escuela de Arte Nº 10, donde aprendió la técnica y arte del dibujo. A partir de ahí ha colaborado con varias publicaciones, en páginas web y en otros despropósitos. En la actualidad, Luis divide su tiempo entre la creación de algún cómic y sufragar los caprichos de su exesposa.

Jordi Farga nació en 1983. Desde pequeño quiso adoptar un cuerpo africano pero su familia era de clase media ajustada y tuvo que conformarse con el suyo propio, limitado y polémico. Tras titularse en Imagen, Jordi descubrió que su futuro no estaba en la fotografía ni en nada relacionado con habilidades manuales. Después de este fracaso, estudió diversos cursos de guión y se involucró en proyectos de cómic, televisión y videojuegos. En la actualidad, Jordi divide su tiempo entre la creación de obras como ésta, estudios en la ECAM (Escuela de Cinematografía y del Audiovisual de la Comunidad de Madrid) y la búsqueda de la manutención de cualquier esposa.

Abreviaturas y símbolos

adj	=	Adjektiv, adjetivo
adv	=	adverbio
aquí:	=	señala un significado específico de la palabra en el contexto
cat	=	catalán
coloq	=	coloquial
despect	=	despectivo
dim	=	diminutivo
Esp	=	peninsularismo, término o expresión del español de la Península Ibérica
etc	=	etcétera
etw	=	etwas
f	=	femenino
fam	=	lenguaje familiar
fig	=	lenguaje figurativo
fr	=	galicismo, palabra de origen francés
INF	=	infinitivo
interj	=	interjección
irón	=	irónico
jmd	=	jemand
lit	=	literario
loc	=	locución, giro idiomático
m	=	masculino
p ej	=	por ejemplo
pl	=	plural
s	=	singular
SUST	=	sustantivo
sup	=	superlativo
uc	=	una cosa, algo
up	=	una persona, alguien
vulg	=	expresión vulgar
≠	=	contrario de
→	=	remite a una palabra ya conocida
↔	=	remite al antónimo de una palabra ya conocida